AF361124

ALBUM

GROTESQUE ET PITTORESQUE

40 BELLES CARICATURES

PAR GAVARNI

PRIX 3

PARIS

Chez tous les principaux libraires

1846

Le père est à l'hôpital

Par GAVARNI.   Gravé par LAVIEILLE.

Le père est Financier

Content de lui.

Par Gavarni — Gravé par Bara et Gérard

Amanda, vous avez été sourde à tout ce que la tendresse peut trouver de... choses dans le
cœur d'une mère!.. A présent, épouse-le, ton cornet à pistons, et fiche-moi la paix!

Par Gavarni.   Gravé par Baulant.

Étranger à la rédaction du Journal des Modes

Tenue d'audience particulière

Par GAVARNI

Gravé par BAULANT

Le grenadier Beauminet se demande jusqu'à quel point ses opinions personnelles lui permettent de prendre les armes ... un jour de pluie battante.

Par GAVARNI.   Gravé par TAMISIER.

« A Monsieur Monsieur Martin. »

« Oh ! je t'en prie ! un mot de pitié ! un mot du cœur ! .. J'ai tant pleuré que je n'ai
plus de larmes . Martin ! vous ne savez donc pas jusqu'où peut aller le désespoir d'une
femme outragée !. »

Non ; mais il y en a un autre, Martin, dans la maison !

Par GAVARNI.   Gravé par BAULANT.

— Je t'avais dit, brigand! de ne pas quitter ta mère! Et ta casquette? encore
une casquette que ta mère me laisse perdre!
— Non P'pa... M'man, je l'ai pas quittée... c'est le Mosieu de l'entre-sol qui l'a
montée, ma casquette, pour rire : M'man est allée l'avoir.

Par Gavarni   Gravé par Rouget.

Une rareté rarissime : Un rosier noir, Mosieu.... noir! et qui me donne des roses
blanches!!.. Mais ça me coûte cher

Rien à quinze

A monté le Bœuf Gras de 1805 ..... en Amour

Inspecteur privé des travaux publics

Par GAVARNI.

Gravé par VERDEIL.

« Irai-je voir le Bœuf-gras?
« Irai-je voir ma maîtresse?
« D'un côté l'amour me presse,
« Mais le Bœuf a tant d'appas! »

(VIEILLE CHANSON.)

Anglais que Paris tient depuis la prise de Paris par les Anglais

A coups de pieds, à coups de poings, — 1.

Rien dans les mains, rien dans les poches

Par GAVARNI.

Gravé par LAVIEILLE

— Son portrait, combien que ça coûte?

— Pour vous, rien.

— C'est trop cher pour moi!

De l'Académie des Inscriptions et Belles-Lettres

Par GAVARNI.

Gravé par LEBLANC.

Vous ne savez pas ce que c'est que les peintures de Missel?.. Vous savez bien ce que
c'est que le beurre demi-sel?... C'est pas ça

Un Maître et demi

Par GAVARNI   Gravé par VERDEIL

L'huile est toujours de l'huile, mais il y a enseigne et enseigne!... Pour des **SINGE VERT**,
des **TÊTE NOIRE**, des **BOULE ROUGE**, on peut faire poser les bourgeois; mais pour des
BONNE FOI!... c'est plus ça.

Ça, un Teniers!... c'est tout bonnement un..... Comment vous appelez-vous?

Fait la miniature et va dans le monde

Par GAVARNI.   Gravé par BARA et GÉRARD.

Expédié (franco) à Madame Marguerite de Bourgogne, poste restante, à Brives-la-Gaillarde

(TRÈS-PRESSÉ)

Par GAVARNI.   Gravé par LAVIEILLE.

C'est quand je jouais les amoureux qu'y a eu de la besogne aux contremarques!

... Et lui qui a eu la simplicité de renverser un Gouvernement!... non, il
ne se pardonnera jamais les Journées de Juillet!

Par GAVARNI

Certainement, aux élections prochaines, si l'honorable M. Braillard persiste
dans cette voix   il pourra compter sur la mienne

COMPTE D'INTÉRÊTS POLITIQUE.

Soit A l'intensité d'amour pour le Pays en général, chez un éligible donné, et A' sa sympathie toute particulière pour les électeurs.

Soit H le nombre d'habitants, C le nombre de colléges, E la moyenne des voix dans chaque collége.

(Chaque électeur ayant droit à X d'amour), on a $X = \dfrac{A}{H} + \dfrac{A'}{C \times E}$

On demande la valeur de X en kilos de cassonade au taux du jour.

Par Gavarni.

Gravé par Écosse.

Réélu

Par Gavarni.

Gravé par Tamisier.

« Dégomme »

Par Gavarni.   Gravé par Lavieille.

Monsieu! je n'ai pas l'honneur de vous connaître... mais vous m'avez l'air
d'un fichu polisson!

— Voyons, Trautapé, qu'est-ce que t'as perdu?.. Ta femme? — Non, Dachu
— Ton petit? — Non, Dachu. — Ta tante Janson, la chamarreuse? — Non,
Dachu — T'as perdu ton cousin du port au sel? — Non, Dachu.....

Trautapé a perdu Napoléon le Grand, empereur des Français, roi d'Italie, protecteur
de la Confédération du Rhin, etc., etc., etc....

Par GAVARNI.   Gravé par LAVIEILLE.

Je l'ai dit au feu Roi, j'ai dit : « Sire, une cause qui méconnaît des hommes comme nous est une cause perdue! »

Par GAVARNI.　　　　　Gravé par LAVIEILLE

Un debardeur en femme

Par Gavarni.   Gravé par Baba et Gérard.

Orientalistes

— Nous aimons-nous, ce soir?
— Non, j'ai affaire.

— Décidément, Sandrine, vous n'aurez pas de pitié pour les battements de mon pauvre cœur?

— Pa' un' miette J' t'antipathe

Par Gavarni.   Gravé par Guillaumot.

Mon neveu, un médecin vous guérira peut-être de vos coliques, mais deux médecins vous
guériraient, pour sûr, de la Médecine.

Pédre faire l'éducation d'un jeune homme de bonne famille

Par GAVARNI   Gravé par PIAUD.

LA COLONNE.

A la bonne heure! on m'a remis Napoléon sur la Colonne, et on me l'a coiffé
de mon petit chapeau

Par GAVARNI.   Gravé par BAUGNOT.

Parenthèse.

Par GAVARNI.   Gravé par BARA et GÉRARD.

MÉDITATIONS A L'ILE SAINT-DENIS.

.... Et y a des pauvres femmes assez fichues bêtes pour se ficher à l'eau parce qu'un
homme les quittera! Un homme: quelque chose de rare!

Par GAVARNI.   Gravé par BARA et GÉRARD.

La petite à la mère Carton

Par GAVARNI   Gravé par LAVIEILLE

On en a fait bien des folies pour Dorothée!

Sol lucet omnibus

Par GAVARNI   Gravé par BARA et GÉRARD

Ah! qu'i' m'embête! ah! qu'i' m'embête! ah! qu'i' m'embête!...

Par Gavarni.   Gravé par Bara et Gérard.

A éprouvé bien des pertes!

Un secret de polichinelle

Départ pour la chasse

Une femme à la mode, du Pays latin

Par GAVARNI.

Gravé par BARA et GÉRARD.

LA BONNE.

Je trouve que les cachemires ont été bien portés, cette année, au Mont-de-Piété!

Par GAVARNI   Gravé par BARA et GÉRARD

Demander au concierge où est le portier... il faut être bête!

Par GAVARNI.

Gravé par PORRET

Gueux de Paris! c'est la mort aux balais!

La Police va.. a bien finir par les reculer, les ba arrières... pa'c' qu'y a vingt-cinq ans
que j' l'ai toujours dit, sous tous .. les gouvernements, qu'on n'en trouverait pas de plus..
joli emplacement pour la Cou. ourtille que l' Palais-Royal..

Mon habit à manger le rôti

Par GAVARNI.

Gravé par LEBLANC.

La maison Michel, « mon sac et mes quilles »
Grand assortiment de tout ce qui ne vaut rien

Par GAVARNI.   Gravé par GUILLAUMOT.

La personne qui a présenté ce petit M'sieu

Le M'sieu qu'a présenté c'te dame

Membre correspondant de plusieurs Sociétés savantes
et de la Société de Madame une telle

Par GAVARNI.   Gravé par J. CAQUÉ.

Un traducteur d'Anacréon.

Par Gavarni.

Gravé par Verdeil.

Présentés par M le Procureur du Roi

Le cousin de ma femme.

Par GAVARNI

Gravé par BAULANT

Un Milieu très-bien.

Par Gavarni.   Gravé par Piotot.

Monseigneur, c'est moi qui...

A dansé la Gavotte

Une lionne dans sa loge.

Par Gavarni.   Gravé par Lavieille.

Sources de l'Hélicon! mon cœur est une éponge...
Muses! l'alexandrin est le ver qui me ronge!

Par GAVARNI.   Gravé par LAVIEILLE.

Si du moins à ses chants (nouvelle édition)
Sapho pour souscripteurs avait tous ses Phaons

Par Gavarni.   Gravé par Caqué.

Eugène Charme « A un jeune poète. »

« . . . .

« Laisse le feu divin ceindre ton front rêveur!
« Adolphe, n'est-il pas le signe du génie?... »

Sans virgule! Eh! le Diable emporte l'imprimeur
Qui va me mettre là : LE SINGE D'EUGÉNIE!

Ardeur, ardeurs, lueur, lueurs, erreur, erreurs,
Vain mirage des mots dont notre âme se leurre!
Tout cela rime à toi, Bonheur... et rime à pleurs

Par Gavarni.   Gravé par Best et Gérard.

Le Poète finit où l'insensé commence
Pour qui n'a plus d'oreille il n'est plus d'éloquence
Le Sublime aujourd'hui, Môsieu, c'est le silence!

Y a-t-y donc tant de quoi être comme ça, faraud… parce que, le jour de la distribution
des nez, on s'aura levé à trois heures du matin

Par GAVARNI.

Gravé par CAQUÉ.

Gougeat?... j'ten va donner du gougeat, moderne.

V'là un nez qu'a coûté cher à mettre en couleur.

Par Gavarni. Gravé par Bara et Gérard.

Ne faisons pas à autrui ce que nous ne voudrions pas qu'il nous fût fait

Par GAVARNI.

Gravé par BARA et GÉRARD.

Des gros comme ça qu'a le moyen de se faire voir pour rien, faut-y que ça soit
chiche de pas se ficher en sauvage !

C'est ça qui serait un joli journal... qui vous donnerait tous les jours à Msieu des nouvelles de chez lui, plutôt que du Caucase et de l'empereur Nicolas... Nicolas toi-même va, c'est moi qu'en sait du cocasse... pas vrai, Madame?

La charité est un plaisir dont il faut savoir se priver

Par GAVARNI

Gravé par LEBLANC.

Je fais une affaire d'un rien pour faire des affaires de tout.